审计实务
习题册

王欣 主编

中国劳动社会保障出版社

简　介

本书为全国高等职业院校会计专业教材《审计实务》的配套习题册。本书题型多样，包括填空题、选择题、判断题、简答题、实训题等，力求充分体现教材的重点和难点，反映实际工作中将接触的具体问题，使学生能够掌握有关的知识和原理，并具有解决实际问题的能力。

本书由王欣任主编，李町茵、白宏俊、董文军、单晶晶、叶瑞燕、欧阳少靖参与编写。

图书在版编目(CIP)数据

审计实务习题册/王欣主编. --北京：中国劳动社会保障出版社，2023
全国高等职业院校会计专业教材
ISBN 978-7-5167-6029-1

Ⅰ.①审…　Ⅱ.①王…　Ⅲ.①审计学-高等职业教育-习题集　Ⅳ.①F239.0-44

中国国家版本馆 CIP 数据核字(2023)第 216139 号

中国劳动社会保障出版社出版发行
（北京市惠新东街 1 号　邮政编码：100029）

*

北京市科星印刷有限责任公司印刷装订　　新华书店经销

787 毫米×1092 毫米　16 开本　4.75 印张　107 千字
2023 年 12 月第 1 版　　2023 年 12 月第 1 次印刷
定价：10.00 元

营销中心电话：400-606-6496
出版社网址：http://www.class.com.cn
http://jg.class.com.cn

目录

第一章　审计概述

一、填空题

1. 审计是人类社会经济发展到一定阶段的产物，是在________、________所形成的经济责任关系下，基于经济监督的需要而产生的。

2. 不同的社会经济发展阶段产生了三种不同的审计主体，分别是________、________、________。

3. 按照应承担责任的内容不同，注册会计师的法律责任可分为____________责任、____________责任、____________责任，这三种责任可以同时追究，也可以单独追究。

4. 会计资料和其他有关经济资料是审计的__________，其反映的被审计单位的财政、财务收支及其有关经济活动是__________的本质。

5. 审计的功能包括____________功能、经济评价功能和__________功能，其中基本功能是____________。

6. 审计分类包括基本分类和其他分类，基本分类又包括按______________分类及按____________分类。

7. 审计实施阶段的主要工作是审计测试，包括____________测试和____________测试。

8. 一般情况下，注册会计师所获取的审计证据按其表现形态不同可以分为实物证据、________证据、________证据、________证据。

9. 审计重要性是指被审计单位财务报表中__________________的严重程度，这一程度在特定环境下可能影响财务报表使用者的判断或决策。

二、单项选择题

1. 由权威机构认可并用以明确审计主体资格和指导审计人员工作的专业规范是（　　）。

A. 审计目标　　B. 审计风险　　C. 审计准则　　D. 审计对象

2. 在审计工作中，揭示审计对象的差错和弊端，属于审计的（　　）作用。

A. 经济效益　　B. 促进性　　C. 制约性　　D. 宏观调控

3. 按照经济业务发生的先后顺序，依次从起点查到终点的审计方法是（　　）。

A. 逆差法　　B. 顺查法　　C. 详查法　　D. 抽样法

4. 对审计过程中发现的疑点和问题，通过口头询问或质疑的方式寻找事实真相并取得口头证据或书面证据的审计方法是（　　）。

A. 审阅法　　B. 核对法

C. 详查法　　D. 查询法

5. 通过（　　）测试，审计人员可以评价内部控制可信赖性的确切程度，并根据其结果确定或修正实质性测试程序。

A. 实质性　　B. 控制　　C. 风险　　D. 常规性

6. 审计人员通过监盘、观察等方法，可以获得（　　）证据。

A. 实物　　B. 书面　　C. 口头　　D. 环境

7. 审计计划应由（　　）编制。

A. 主任会计师　　B. 会计师事务所所长

C. 审计项目负责人　　D. 会计师事务所业务负责人

8. 审计人员在运用重要性原则时，应当考虑（　　）的金额和性质。

A. 财务报表　　B. 审计收费

C. 账户或交易　　D. 错报或漏报

9. 下列关于审计的表述，正确的是（　　）。

A. 在既定的审计风险水平下，审计人员应当实施审计程序，将重大错报风险降至可接受的低水平

B. 审计人员应当合理设计审计程序的性质、时间和范围，并有效执行审计程序，以控制重大错报风险

C. 审计人员应当合理设计审计程序的性质、时间和范围，并有效执行审计程序，以消除检查风险

D. 审计人员应当获得充分、适当的审计证据，以便在完成审计工作时，能够以可接受的低审计风险对财务报表整体发表意见

三、多项选择题

1. 采用审查书面资料这种方法时，审查对象主要有（　　）。

A. 记账凭证　　B. 资产负债表

C. 会计账簿　　D. 经济政策

2. 按审计主体不同，审计可分为（　　）。

A. 政府审计　　B. 社会审计

C. 内部审计　　D. 外部审计

3. 审计程序一般包括（　　）等阶段。

A. 审计计划阶段　　B. 审计测试阶段

C. 审计实施阶段　　D. 审计报告阶段

4. 审计风险的组成要素包括（　　）。

A. 重大错报风险　　B. 经营风险

C. 检查风险　　D. 控制风险

5. 以下各项中，属于审计方法的有（　　）。

A. 顺查法　　B. 逆差法　　C. 核对法　　D. 验算法

6. 以下各项中，属于由被审计单位以外的组织机构或人员编制的书面证据的有（　　）。

A. 记账凭证　　B. 办理采购业务所取得的购货发票

C. 银行询证函回函与银行对账单　　C. 工资计算单

7. 按审计基本内容和目的不同，审计可以划分为（　　）。

A. 财务收支审计　　B. 经营效益审计

C. 财经法纪审计　　D. 专项审计

8. 某会计师事务所接受 A 公司的委托，对 A 公司 2022 年度的财务报表进行审计。在审计中，审计人员发现 A 公司 2022 年销售商品时产生的运费与营业收入的比值比 2021 年下降很多，而 2022 年与 2021 年的经营环境大致相同。由此，审计人员有理由怀疑 A 公司（　　）认定存在重大错报风险。

A. 营业收入的发生　　B. 销售费用的完整性

C. 管理费用的完整性　　D. 营业收入的完整性

9. 确定特定类别的交易、账户余额或披露的重要性水平时，可采用的方法有（　　）。

A. 分配的方法　　B. 不分配的方法

C. 比较的方法　　D. 审阅的方法

四、判断题

1. 在社会主义市场经济体制下，生产资料的所有权和经营权是高度统一的，不存在受托经济责任关系，因而不需要审计。（　　）

2. 审计的功能不是一成不变的，它是随着经济的发展而发展变化的。（　　）

3. 审计准则是指审计人员为了完成各项审计业务，达到预期的审计目标，在具体执行审计程序之前编制的工作计划。（　　）

4. 被审计单位管理层提供给注册会计师的存货数据，比注册会计师亲自检查存货所获得的证据更可靠。（　　）

5. 查询法是通过对被审计单位有关书面资料进行仔细观察和阅读，以取得审计证据的一种审计技术方法。（　　）

6. 审计证据的充分性是对审计证据质量的衡量，而审计证据的适当性是对审计证据数量的衡量。（　　）

7. 重大错报风险的水平越高，则审计人员可接受的检查风险水平越高。（　　）

8. 审计人员对某企业 20 万元银行存款进行审查时，发现其中 100 元被出纳贪污，这种情况一般来说是微不足道的。（　　）

9. 审计工作档案对于明确审计责任、评价审计工作质量、为后续审计提供参考具有重要意义。（　　）

10. 固有风险是独立于财务报表审计之外存在的，是审计人员无法改变其实际水平的一种风险。（　　）

五、简答题

1. 审计准则可分为哪些类型？它们各有什么作用？

2. 审计重要性与审计证据之间有什么关系？

3. 简述审计工作底稿的作用。

4. 控制测试与实质性测试有什么区别？

5. 评估风险时应考虑的因素有哪些？

六、实训题

1. A公司是一家国有大型上市公司，正在经营某建设大型水坝的项目。该公司委托某会计师事务所对公司2022年的财务报表进行审计。会计师事务所接受委托后，即刻派注册会计师小李前往A公司开展相关审计工作。小李到达A公司后了解到，A公司审计委员会安排内部审计人员已对公司的主要业务进行了专项审计，国家审计署委派的某特派办正对A公司建设中的水坝工程资金运用情况进行审计。

问题和要求：

（1）以上三种审计活动是否可以相互替代？

（2）注册会计师能否利用内部审计工作的成果？如果可以，如何利用？

（3）对比分析以上三种审计业务，说明其相同及不同的地方。

2. 某会计师事务所受C公司委托，对C公司2022年度财务报表进行审计。C公司业务性质和经营规模与该会计师事务所的常年审计客户D公司类似，该会计师事务所在制订总体审计策略和具体审计计划时作出下列判断：

（1）由于C公司与D公司业务性质和经营规模类似，所以C公司确定的重要性水平与D公司相同。

（2）制订完审计计划后，应按照计划执行审计程序，不能够改变原来制订的审计计划。

（3）审计人员应当合理设计审计程序的性质、时间和范围，并有效执行审计程序，以控制检查风险。

（4）因对C公司内部控制存在疑虑，计划不进行控制测试，而直接进行实质性测试。

问题和要求：上述事项是否存在不当之处？如果存在，请说明理由。

3. 在一项针对D公司的审计业务中，审计人员按照净资产的0.5%、营业收入的0.5%、利润总额的1%确定重要性水平，从而得出财务报表整体的重要性水平。该公司资产负债表和利润表的部分内容见表1-1、表1-2。

表1-1　资产负债表

编制单位：D公司　　　　2022年12月31日　　　　单位：元

资产	期末余额	上年年末余额	负债和所有者权益	期末余额	上年年末余额
非流动资产合计	450 000.00	469 900.00	所有者权益合计	426 460.00	428 780.00
资产总计	737 790.00	748 360.00	负债和所有者权益总计	737 790.00	748 360.00

表 1-2　利润表

编制单位：D 公司　　　　2022 年 12 月　　　　单位：元

项目	本期金额	上期金额（略）
一、营业收入	375 000.00	
减：营业成本	225 000.00	
税金及附加	4 000.00	
销售费用	21 000.00	
管理费用	23 400.00	
财务费用	14 520.00	
加：公允价值变动收益（损失以“-”号填列）		
投资收益（损失以“-”号填列）	16 450.00	
资产减值损失（损失以“-”号填列）		
二、营业利润（亏损以“-”号填列）	103 530.00	
加：营业外收入	15 000.00	
减：营业外支出	6 000.00	
三、利润总额（亏损总额以“-”号填列）	112 530.00	
减：所得税费用	28 132.50	
四、净利润（净亏损以“-”号填列）	84 397.50	

问题和要求：

（1）确定净资产的重要性水平。

（2）确定营业收入的重要性水平。

（3）确定利润总额的重要性水平。

（4）审计中，该公司财务报表层次的重要性水平是多少？

4. 审计人员对 A 公司财务报表进行审计时，初步判断财务报表层次的重要性水平按资产总额的 1%计算为 126 万元，即资产类账户可容忍的错报或漏报为 126 万元。审计人员采用两种方案将这一重要性水平分配给各资产类账户。A 公司资产构成及重要性水平分配方案见表 1-3。

表 1-3 A 公司资产构成及重要性水平分配方案

单位：万元

账户	金额	甲方案分配额	乙方案分配额
库存现金	900	9	3.6
应收账款	2 200	22	26.4
存货	3 500	35	60
固定资产	6 000	60	36
总计	12 600	126	126

问题和要求：根据上述资料，分析哪一种方案较为合理，并说明理由。

5. 审计人员对 A 公司 2022 年度财务报表进行审计时，收集到以下五组审计证据：

（1）销货发票与购货发票。

（2）原材料成本计算表与发料凭证。

（3）审计助理人员监盘存货的记录与客户自编的存货盘点表。

（4）审计人员收回的应收账款询证函回函与询问应收账款负责人的记录。

（5）试算平衡表与向银行函证的回函。

问题和要求：分析每组审计证据中的哪项审计证据更为可靠，并说明理由。

6. 审计人员在评估A公司的审计风险时，分别设计了四种情况（见表1-4），以确定可接受的检查风险水平。

表1-4　A公司审计风险情况

风险类别	情况一	情况二	情况三	情况四
可接受的审计风险	6%	6%	4%	30%
固有风险	80%	100%	50%	80%
控制风险	50%	100%	100%	50%

问题和要求：

（1）上述四种情况下的检查风险水平分别是多少？

（2）哪种情况需要注册会计师获取最多的审计证据？请说明理由。

7. 审计人员于2023年2月1日至15日对B公司2022年度的财务报表进行审计。审计人员怀疑该公司存货数据可能有问题，于是，在2023年2月1日早上9时，对该公司库存材料、产品实施了监督盘点。因甲材料和乙产品的占比相当大，故以二者为重点进行审查，审查过程中获取的有关证据如下：

甲材料2023年2月1日实存数为25 000千克，2022年12月31日账面数为28 000千克。此外，甲材料明细账还显示，2023年1月1日至31日甲材料入库数为12 000千克，出库数为9 000千克。

乙产品2023年2月1日实存数为12 000件。乙产品明细账显示其2022年12月31日数额为10 000件；2023年1月1日至31日入库数为5 000件，出库数为1 000件。

问题和要求：

（1）本题中审计人员采用的审计方法是什么？

（2）指出本题中会计资料的错误并加以改正。

8. 审计人员在审计C公司的财务报表时，根据以往经验确定了在计算重要性水平时各项目对应的标准，具体见表1-5。

表1-5　各项目对应的标准

项目	金额（万元）	对应的标准
资产	350 000	0.5%
净资产	164 000	1%
主营业务收入	120 000	0.5%
净利润	108 240	5%

问题和要求：计算各对应标准下不同的重要性水平，并指出审计人员应确定的该公司财务报表层次的重要性水平是多少。

9. 某会计师事务所审计小组举行重要审计项目的讨论会，就审计证据的充分性和适当性等有关问题进行讨论。审计人员小李认为，审计证据的质量越高，需要的审计证据数量越少，因此，审计证据的质量和数量是成反比的。照此推导，审计证据质量越低，需要的审计证据数量也就越多，也就是说，审计证据数量可以弥补审计质量的不足。审计人员小方认为，审计资源是有限的，为了使事务所获取更多的利润，对于那些获取审计证据比较困难和成本较高的程序，可以采取其他替代审计措施，只要不影响最终的审计质量即可。

问题和要求：

（1）简述审计证据的性质。

（2）你是否认同小李的观点？请简要说明理由。

（3）你是否认同小方的观点？请简要说明理由。

第二章　内部控制与评价

一、填空题

1. 内部牵制即由________个或________个以上的部门（或人员）共同完成工作任务，从而达到相互牵制的作用。

2. 内部控制的目标之一是保证企业资产的________性，保证财务报告的________性。

3. 企业等组织明确授权批准的范围、权限、程序等内容，是一种________控制。

4. 内部控制评价的主体是________。

5. 内部控制缺陷按本质不同，可分为________缺陷和________缺陷。

6. 内部控制评价工作应当依据符合企业实际的成本，以达到科学有效的评价结果，这符合内部控制评价的________原则。

7. 内部控制的准则、设计、运行和监督都由人执行，无法避免一定的________性。

8. 内部控制评价要围绕企业等组织预先设定好的审计目标展开，不能________审计范围，不能________审计中发现的重大事项。

9. 若被审计单位存在内部重大缺陷，则审计人员不能出具内部控制________结论。

二、单项选择题

1. 以下各项中，属于内部控制客体的是（　　）。

A. 单位的行政领导　　B. 单位的主管领导

C. 受内部控制的经济活动　　D. 职能部门工作人员

2. 在内部控制监督检查中，针对相关业务岗位人员设置应重点检查（　　）。

A. 岗位设置是否合理　　B. 是否存在不相容职务未分离

C. 工作人员专业素养是否达标　　D. 工作人员是否持证上岗

3. 某公司购进一批原材料，由于货物到达时间为凌晨，收货人员并未及时通知相关人员卸货。第二天，货车上的货物又被原封不动地拉回发货地。这一内部控制失范行为与内部控制中的（　　）要素相关。

A. 控制环境　　B. 控制活动　　C. 信息与沟通　　D. 监督

4. 某公司仓库发生盗窃案，该公司员工张某不是仓库管理员，但是案发当天查库登记本上有其签名。这一内部控制失范行为与内部控制中的（　　）要素相关。

A. 控制环境　　B. 控制活动　　C. 风险评估　　D. 监督

5. 货物验收内部控制制度的重点是（　　）。

A. 对货物价格的控制

B. 对签订合同的控制

C. 仓库管理人员不得参与会计记录

D. 保证货物的品质、品名、数量符合预定的标准，明确有关人员的经济责任

6. 以下人员中，不得负责债权债务登记工作的是（　　）。

A. 出纳　　B. 财务主管

C. 会计人员　　D. 单位负责人

7. 以下行为中，没有违反内部控制行为规定的是（　　）。

A. 库存现金收支没有每天登记在账簿中

B. 不私自设立“小金库”

C. 从单位账上直接为他人支取现金

D. 用白条顶替库存现金

8. 以下各项中，不属于会计系统控制的是（　　）。

A. 凭证控制　　B. 账簿控制

C. 核对控制　　D. 预算控制

9. 以下各项中，最有利于预防贪污、舞弊行为的是（　　）。

A. 记录明细账的人员不兼任出纳

B. 收支票与收现金的人员不得是同一人

C. 企业收到票据后马上将其寄送给相关单位

D. 客户将货款直接汇入售货企业的银行账户

10. 内部控制审计报告的撰写原则不包括（　　）原则。

A. 客观性　　B. 重要性　　C. 简洁易懂　　D. 循序渐进

三、多项选择题

1. 以下各项中，属于内部控制目标的有（　　）。

A. 企业资产的安全性　　B. 财务报告的真实性

C. 遵守法律的合理性　　D. 提高经营效率的可靠性

2. 在内部控制评价中，信息与沟通包含（　　）。

A. 企业内部之间的沟通　　B. 企业内部与外部之间的沟通

C. 企业外部与外部之间的沟通　　D. 与上级部门沟通

3. 以下各项中，属于内部控制评价原则的有（　　）。

A. 全面性原则　　B. 重要性原则

C. 客观性原则　　D. 效率优先原则

4. 不相容职务分离控制中的不相容情况主要包括（　　）。

A. 授权批准与业务经办不相容　　B. 业务经办与会计记录不相容

C. 会计记录与财产保管不相容　　D. 业务经办与业务稽核不相容

5. 以下各项中，符合印章使用控制要求的有（　　）。

A. 财务章由专人保管　　B. 个人名章由个人保管

C. 一个人可以保管所有印章　　D. 严格执行用章审批制度

6. 内部控制制度按照控制范围和要求不同，可以分为（　　）。

A. 内部管理控制　　B. 内部会计控制

C. 内部人员控制　　D. 内部组织控制

7. 企业对现金的内部控制要做到（　　）。

A. 对库存现金实行限额管理　　B. 明确现金开支范围

C. 定期盘点现金　　D. 允许现金临时透支

8. 下列行为中，符合内部控制规范的有（　　）。

A. 某部门的工作人员负责某项工作的全部流程

B. 至少有两人参加业务谈判

C. 财务部门负责人的直系亲属担任出纳

D. 单位负责人的直系亲属不得担任财务主管

9. 企业内部可以采用（　　）的方式规避风险。

A. 案例研究　　B. 案例讨论

C. 问卷调查　　D. 咨询专业机构

四、判断题

1. 内部控制审计报告中的审计建议要针对具体问题提出处理意见，但是不需要确保可行性。（　　）

2. 企业的业务由多个部门协作办理，可以最大限度防止错误及舞弊的发生。（　　）

3. 内部控制是一个管理的过程，即使用最严格的管理方法，也很难确保结果万无一失。（　　）

4. 企业文化建设对内部控制助益很少，因此不需要太在乎企业文化对员工的影响。（　　）

5. 对于重大事项和重大业务，应当实行集体决策审批，任何个人不得单独进行决策或擅自更改集体决策结果。（　　）

6. 内部审计人员应当具备相应的从业资格，拥有与工作职责相匹配的道德操守与专业能力。（　　）

7. 内部控制的理念、原则与方法适用于一般营利性企业，不适用于非营利性的组织或机构。（　　）

8. 除了董事会之外，任何人不具有凌驾于内部控制之上的权力。（　　）

9. 某项业务不得由同一人或同一部门的人全程办理。（　　）

10. 企业资金限额内的业务应由责任人审批，限额外或超限额的业务应由集体审批，这样可以严格控制资金的使用。（　　）

五、简答题

1. 内部控制的主体、客体分别是什么？

2. 简述内部控制的五要素。

3. 什么是不相容职务分离控制？其主要指哪些职务不相容？

4. 什么是内部控制的有效性？简述其分类。

5. 企业内部控制存在重大缺陷的可能迹象有哪些？

六、实训题

1. 某公司的会计系统控制出现了以下情况：

（1）公司规定，当出纳临时有事不在岗的时候，其工作可以由主管会计代办。

（2）公司财务部主管领导张某与出纳李某交往后结为夫妻，但是婚后公司没有调整他们的工作岗位。

（3）公司采购人员以现金采购办公用品后，持采购发票直接前往财务部进行了报销。

（4）公司仓库管理员共有 3 人，采取轮班休息制。仓库主管为了方便办事，给每个人都配备了一把仓库钥匙。

（5）公司业务经理由于经常出差办公，在出差后自己填制差旅费报销单，并直接在审批栏签字后报销差旅费。

问题和要求：判断上述情况是否符合会计系统控制的要求并说明理由。

2. 某公司财务部新招聘3名工作人员，并让他们同时完成以下10项工作：
（1）登记总账。
（2）登记库存现金日记账。
（3）登记银行存款日记账。
（4）调整银行对账单。
（5）处理并送存收到的现金。
（6）开具退货拒付通知书。
（7）登记应收账款明细账。
（8）登记应付账款明细账。
（9）登记库存商品明细账。
（10）编制财务报表。
问题和要求：在内部控制原则允许的情况下，为这3名人员合理布置工作。

3. 某企业内部控制存在以下情况：
（1）为了方便登记仓库中的实际库存，由仓库管理员负责登记存货明细账。
（2）仓库管理员根据验收部门送交的验收单，登记领料单。
（3）生产车间或部门有需要的时候，可以自行填制领料单，仓库管理员根据单据分发材料。
（4）企业内部对辅助材料的损耗非常少，因此用料部门领取辅助材料时并不需要填制领料单。
（5）生产车间的辅助材料每天都有剩余，剩余的辅助材料由车间自行保管，不需要上交并通知仓库。
（6）仓库的实地盘点并没有制定计划表，随机根据仓库管理员的空闲时间进行。
问题和要求：分析该企业内部控制存在的缺陷。

4. 某公司总经理李某在任职期间，利用职务之便，以公司名义向其他企业出借资金高达500万元。之后，李某利用私人关系将该资金私自挪用，用于个人营利性生产活动。被举报后，李某在受调查期间畏罪潜逃，影响十分恶劣。

问题和要求：根据以上资料，分析该公司在内部控制中应如何规定领导的职权行使要求。

5. 周某是某公司出纳，负责现金和银行存款的收支工作，同时，周某还掌管着公司的空白支票及有关财务公章。由于周某家里经济困难，她借工作之便，利用管理上的漏洞，偷偷开出一张 5 000 元的现金支票并支取了现金，同时，她将银行对账单中的相关款项记录删除。由于未被公司发现，周某不断用相同方法先后挪用公款共计 20 万元。数月后，审计部门发现了周某的问题，公司遂向公安机关报案。

问题和要求：根据以上资料分析该公司存在的风险点。

6. 2008 年，法国兴业银行披露，由于该银行一名期货交易员私自越权投资金融衍生品，该行蒙受了 49 亿欧元的巨额亏损。

在此案中，该交易员是个人犯案，没有帮手。2007 年至 2008 年间，这名交易员利用该银行漏洞买卖期货，并凭借其精通银行保密系统的经验，成功地掩盖了欺诈行径。后来，法国兴业银行内部监控机制严重缺失，导致巨额欺诈案的发生，法国银行监管机构法国银行委员会对该银行开出 400 万欧元罚单。

问题和要求：分析上述材料，从内部控制的角度总结上述事件的启示。

7. 2008 年，浙江江龙控股集团有限公司全面停工，董事长陶寿龙一夜之间消失，企业面临破产，而且还遗留了一系列问题，包括 4 000 名员工的生计问题、12 亿元的银行欠款、8 亿元的民间借贷等。

后经了解，该企业一直由董事长陶寿龙一手控制，所有重大事项也全由他一人决策，不经过董事会的投票决定。企业的控制权集中在陶寿龙一人手中，没有任何的权力制衡。

在经营中，陶寿龙采取过于激进的融资方式，却没有任何防范风险的配套方案。

最后，公司面临破产而又无力回天时，陶寿龙烧毁了公司所有账簿后逃离。

问题和要求：从内部控制的角度分析该公司存在的内部控制缺陷。

8. 陈某原是 A 市某加油站站长，并兼任出纳。自 2020 年起，陈某私藏加油站销售款，并且编造各种理由开具现金支票，将单位的银行存款慢慢挪为己有。陈某还参与赌博，造成国家直接经济损失 70 余万元。经调查，陈某挪用公款的手段主要如下：

（1）直接挪用销售款。陈某自 2020 年担任站长起，多次从加油站油款中直接拿走现金。

（2）利用所学的会计知识，将支取的现金和隐瞒的收入相抵消，逃避银行存款余额调节表的管控。

（3）伪造银行对账单，擅自修改对账单金额、票据号码等重要信息。

问题和要求：分析该企业存在的内部控制缺陷。

第三章　销售与收款循环审计

一、填空题

1. 随着商品销售而发生的商品所有权转让及收回账款的业务过程属于＿＿＿＿＿＿循环。

2. 销售可分为＿＿＿＿和＿＿＿＿两种形式。

3. 用来表明已销售商品的规格、数量、价格、销售金额、运费和保险费、开票日期等内容的凭证是＿＿＿＿。

4. 用来表示由于销售退回或经批准的折让而引起的应收销货款减少的凭证是＿＿＿＿＿＿。

5. 主营业务收入如果由不负责记录应收账款的人员独立登记，并由另一位不负责账簿记录的人员定期调节总账和明细账，就构成了一种自动相互牵制。这种情况属于销售交易内部控制的＿＿＿＿＿，它有助于防止各种有意或无意的错误。

6. 为了充分发挥函证的作用，审计人员通常以＿＿＿＿＿＿＿为截止日。

7. 对应收账款可以采用＿＿＿＿＿的函证方式。

8. 以书面形式表现，其款项具有一定的保证，经持有人背书后可以提交银行贴现的债权资产是＿＿＿＿＿。

9. 定期寄送给客户，用于购销双方定期核对账目的凭证是＿＿＿＿＿。

10. 企业在销售过程中涉及的税费通常有增值税、＿＿＿＿＿、城市维护建设税、教育费附加和地方教育费附加。

二、单项选择题

1. 以下各项重要凭证和会计记录中，在典型的销售与收款循环中所使用的是（　　）。

A. 请购单　　B. 订购单　　C. 订货合同　　D. 销售合同

2. 以下各项中，在典型的销售与收款循环中一般会涉及的是（　　）。

A. 记账凭证　　B. 客户月末对账单

C. 应收账款明细账　　D. 批准赊销单

3. 以下各项中，属于销售交易内部控制措施的是（　　）。

A. 不相容职务分离　　B. 注销坏账

C. 提取坏账准备　　D. 审批销售退回与折让

4. 在主营业务收入的实质性测试中，应将主营业务收入记录与有关凭证（或报表）进行核对，同时，结合（　　）科目的数额，与报表数核对，确保相符。

A. “本年利润”　　　　B. “主营业务成本”

C. “其他业务收入”　　　　D. “其他业务成本”

5. 在主营业务收入审计中，如果被审计单位采用的是（　　）销售方式，审计人员应着重检查被审计单位是否收到货款或取得收取货款的权利，发票、账单和提货单是否已交付购货单位。

A. 预收货款　　B. 交款提货　　C. 托收承付　　D. 预付货款

6. 一般情况下，审计人员在确定应收账款函证的对象时，主要考虑的是（　　）。

A. 金额较小的客户　　　　B. 账龄较长的项目

C. 非重大关联方交易　　　　D. 交易不频繁但期末余额较小的项目

7. 应收账款重大错报风险如果评估为低水平，审计人员可选择（　　）为截止日实施函证。

A. 资产负债表日　　　　B. 资产负债表日前

C. 资产负债表日后　　　　D. 资产负债表日后 3 天

8. 在应收账款的实质性测试中，审计人员应获取或编制应收账款明细表，复核加计是否正确，核对总账数和相应的明细账合计数是否相符，再核对（　　）科目数额与报表数是否相符。

A. “坏账准备”　　　　B. “应付账款”

C. “预收账款”　　　　D. “预付账款”

三、多项选择题

1. 营业收入审计的目标包括（　　）。

A. 确认记录的营业收入是否已发生，且与被审计单位有关

B. 确定营业收入记录是否完整

C. 确定营业收入的内容是否正确

D. 确定营业收入的披露是否恰当

2. 涉及主营业务收入的常见舞弊手法有（　　）。

A. 虚构客户并虚增销售

B. 以真实客户为基础，虚增销售

C. 利用与某些企业的特殊关系伪造销售收入

D. 将应收销货款长期挂账，购销双方彼此渔利

3. 涉及应收账款的常见舞弊手法有（　　）。

A. 利用坏账损失转移资金

B. 利用与某些企业的特殊关系伪造销售收入

C. 虚列应收账款，虚增销售收入

D. 利用应收账款放贷，将利息转入“小金库”

4. 应收账款审计的目标包括（　　）。

A. 确定应收账款是否归被审计单位所有

B. 确定应收账款及其坏账准备的期末余额是否正确

C. 确定应收账款及其坏账准备在财务报表中的列报是否恰当

D. 确定应收账款是否存在

5. 检查坏账的确认和处理工作主要包括（　　）。

A. 检查有无债务人破产或者死亡的应收账款，以及破产财产清偿或遗产清偿后仍无法收回的应收账款，或者债务人长期未履行清偿义务的应收账款

B. 检查被审计单位坏账处理是否经授权批准，有关会计处理是否正确

C. 按计提坏账准备的范围、标准测算已提坏账准备是否充分，并核对坏账准备总额与报表数是否相符

D. 审核货运文件等资料，以查明货物是否已运出

6. 增值税销项税额审查的内容包括（　　）。

A. 存货销售应计的销项税额

B. 存货对外投资应计的销项税额

C. 将自产、委托加工的产品用于非应税项目的销项税额的计算、记录是否正确

D. 视同销售处理却以产品成本为基数计算销项税额的问题

7. 预收账款审查的内容包括（　　）。

A. 取得或编制预收账款明细表　　B. 检查已转销的预收账款

C. 抽查有关凭证　　D. 函证预收账款

四、判断题

1. 企业可以不设置现金折扣和销售折让明细账，而将该类业务记入主营业务收入明细账。（　　）

2. 大多数企业在批准了客户订单之后，下一步就是编制一式多联销售单。它是此笔销售交易的起点。（　　）

3. 设计信用批准控制的目的是降低坏账风险。（　　）

4. 销售与收款循环中涉及的记账凭证包括收款凭证和转账凭证。（　　）

5. 财务部门应定期编制并向客户寄送对账单，编制账龄分析表，对拖欠货款客户进行催收，并通知信用管理人员。（　　）

6. 对凭证预先进行编号，旨在防止销售后忘记开具账单或记账，也可防止重复开具账单或重复记账。（　　）

7. 人为改变销售收入入账时间、调节销售收入是企业确认应收账款时常见的舞弊手法。（　　）

8. 应收账款的账龄是指资产负债表中的应收账款从销售实现、产生应收账款之日起，至资产负债表日止所经历的时间。（　　）

9. 应收账款以前年度的函证结果如果出现重大差错或拖欠纠纷，则函证范围应适当

扩大。 ( )

10. 将应收销货款长期挂账，购销双方彼此渔利是企业确认营业收入时常见的舞弊手法。 ( )

五、简答题

1. 简述销售与收款循环主要的内部控制。

2. 对销货退回与折扣、折让的审计主要包括哪些内容？

3. 简述其他业务收入的实质性测试。

4. 简述营业收入审计的目标。

5. 简述应收账款审计的目标。

六、实训题

1. 审计人员于2022年5月15日对A公司2021年度销售业务进行审计时发现，A公司2021年12月31日出售给M公司甲产品5 000件，销售金额为50万元（不含增值税），以应收账款入账，其会计分录如下：

借：应收账款　　500 000

　　贷：主营业务收入　　500 000

审计人员怀疑A公司此笔年末销售收入是否真实正确，随后审查A公司2022年年初的销售账户，发现该批商品被退回，相关销售收入以红字冲销。审计人员随后审查了2021年的销售合同，未发现有此笔销售业务的销售合同。

问题和要求：A公司应如何进行会计调整？

2. 审计人员对A公司2022年应收账款进行审计时，对截至2022年11月30日的应收账款实施了函证程序。在复函中，有5位客户提出了以下意见：

（1）本公司资料处理系统无法复核贵公司的对账单。

（2）前欠贵公司货款40万元已于2021年11月12日付讫。

（3）经查，贵公司2022年11月25日的第11466号发票（金额为15 400元）所涉及的业务系目的地交货，而本公司收货日期为11月28日，因此询证函所称11月25日欠贵公司账款之事与事实不符。

（4）本公司曾于2022年11月预付货款300万元，足以抵付对账单中所列两张发票的金额8万元。

（5）从未收到所购货物。

问题和要求：针对以上五种情况，审计人员应如何进行处理？

3. A公司按应收账款年末余额的3%计提坏账准备。2022年，其“坏账准备——应收账款”账户年初贷方余额为6万元，当年借方发生额为3万元，另收回上年已注销的坏账22 000元，相关会计分录如下：

借：银行存款　　22 000

　　贷：其他应付款　　22 000

当年年末，该公司应收账款余额为70万元，会计人员计提坏账准备，相关会计分录为：

借：信用减值损失　　22 000

　　贷：坏账准备——应收账款　　22 000

问题和要求：指出A公司上述活动存在的问题并提出调整建议。

4. 审计人员在2022年11月18日对A公司销售和收款循环的内部控制进行了解和测试，并在相关审计工作底稿中记录了了解和测试的事项，相关内容如下：

A公司发出产成品时，由销售部填制一式四联的出库单。仓库发出产成品后，将第一联出库单留存并登记产成品卡片，第二联交销售部留存，第三、第四联交财务部门，由会计人员张某登记产成品总账和明细账，由会计人员陈某开具销售发票。在开具销售发票之前，陈某先取得仓库的发货记录和销售商品价目表，然后填写销售发票的数量、单价和金额。

问题和要求：根据上述资料，指出A公司在销售与收款循环内部控制方面存在的缺陷，并提出改进建议。

5. 审计人员在审计A公司截至2022年12月31日的应收票据时，通过审阅A公司财务部门提供的应收票据备查簿，发现以下情况：

（1）A公司存有D公司开具的已于2022年11月20日到期的带息商业承兑汇票（金额为300万元），A公司不仅未按规定将未到期的应收票据转入应收账款，并且于年度终了时按票面利率计提应收利息。

（2）A公司存有G公司开具的带息银行承兑汇票（金额为500万元），票面月利率为0.3%，出票日期为2022年7月20日，到期日为2023年2月20日。A公司2022年年底未按规定计提应收利息。

问题和要求：根据上述资料，指出A公司在应收票据管理方面存在的缺陷，并提出改进建议。

6. C公司相关业务资料见表3-1。

表3-1　C公司相关业务资料

单位：元

业务关联单位	应收账款年末余额	当年销货总额
甲公司	35 000	70 305
乙公司	62 200	178 400
丙公司	78 250	12 054
丁公司	0	533 500

问题和要求：对C公司相关业务进行审计时，应选择哪几家业务关联单位进行函证？为什么？

7. A公司销售与收款循环内部控制的有关情况如下：

（1）票据保管人应当合理控制票据的贴现，在企业流动资金紧张的情况下，及时到银行办理贴现，并在企业的票据备查簿中做好登记。

（2）企业收到顾客订购单后，对于赊销额度在该客户已授权批准的信用额度内的，由销售部门负责审批，并编制一式多联的销售单，送交仓库部门备货。

问题和要求：根据上述资料，判断A公司的相关内部控制是否存在缺陷，并说明理由。

8. 审计人员在对 A 公司 2022 年度财务报表进行审计时，发现 A 公司当年 11 月与 M 公司签订了一份购销合同。合同规定：A 公司向 M 公司销售某产品 400 件，该产品成本价为 1 000 元/件，售价为 1 500 元/件；M 公司于 2022 年 12 月 12 日预付货款 508 500 元，2023 年 1 月 20 日补付货款 169 500 元。A 公司于 2022 年 12 月 20 日发出产品 400 件。A 公司适用增值税税率为 13%，其相关的会计处理如下：

（1）2022 年 12 月收到从公司预付货款时

	借方	贷方
借：银行存款	508 500	
贷：主营业务收入		450 000
应交税费——应交增值税（销项税额）		58 500

同时，结转相应成本。

（2）2023 年 1 月 20 日收到从公司补付货款时

	借方	贷方
借：银行存款	169 500	
贷：主营业务收入		150 000
应交税费——应交增值税（销项税额）		19 500

同时，结转相应成本。

问题和要求：根据上述资料，请指出 A 公司存在的问题并提出相应的审计调整建议。

9. 审计人员对 A 公司的 2022 年度财务报表进行审计时发现，该公司 2022 年 6 月 10 日销售多余材料一批，该批材料成本价为 70 000 元，售价为 90 000 元，增值税税额为 11 700 元，款已收讫。该公司编制的会计分录为：

借：银行存款　　101 700

　　贷：应付账款　　90 000

　　　　应交税费——应交增值税（销项税额）　　11 700

借：主营业务成本　　70 000

　　贷：原材料　　70 000

问题和要求：根据上述资料，请指出 A 公司存在的问题并编制调整分录。

第四章　采购与付款循环审计

一、填空题

1. 由商品制造、资产使用等部门有关人员填写，送交采购部门，申请购买商品、劳务或其他资产的书面证明是________。

2. 付款部门确定到期应支付项目并付款时，已付款的付款凭单应__________，注销后单独保存。

3. 企业的________人员不能接触现金、有价证券和其他资产，以保证应付账款记录的真实性、正确性。

4. 采购与付款循环的内部控制主要包括__________、__________和______________三个方面。

5. 在检查应付账款是否记入了正确的会计期间时，审计人员应检查带有现金折扣的应付账款是否按发票上记载的全部应付金额入账，在实际获得现金折扣时再冲减__________。

6. “应付账款”账户应根据__________________科目所属明细科目的期末贷方余额的合计数填列。

7. 固定资产审计的目标包括，固定资产原价、__________和__________是否已按企业会计准则的规定在财务报表中列报。

8. 应付票据包括___________汇票和___________汇票两类。

二、单项选择题

1. 下列各项中，不属于不相容职务分离的是（　　）。

A. 提出采购申请职务与批准采购申请职务相互独立

B. 批准采购申请职务与采购职务相互独立

C. 采购审批职务、合同签订职务、合同审核职务相互独立

D. 应付账款记账人员可以接触现金、有价证券

2. 以下各项会计凭证中，在采购与付款循环涉及的是（　　）。

A. 采购日记账　　B. 客户月末对账单

C. 客户订货单　　D. 应收账款明细账

3. 以下各项中，不属于采购与付款循环内部控制的是（　　）。

A. 不相容职务分离　　B. 信息传递程序控制

C. 提取坏账准备　　D. 实物控制

4. 收到商品或资产时所填制的原始凭证是（　　），其主要内容包括从供应商处收到的商品、劳务或其他资产的种类、数量、价格和规格等。

A. 客户订货单　　B. 验收单

C. 对账单　　D. 采购日记账

5. 由供货方按月编制的标明期初余额、本期购买款项、本期支付给卖方的款项和期末余额的凭证是（　　）。

A. 验收单　　B. 订购单

C. 卖方对账单　　D. 客户订货单

6. 企业至少应当于每年年度终了对固定资产的使用寿命、（　　）和折旧方法进行复核，如果固定资产的预计数与原先估计数有重大差异，则应当作相应调整。

A. 原值　　B. 预计净残值

C. 累计折旧　　D. 固定资产清理

7. 对于融资租入固定资产，审计人员应审核其计价是否正确，并结合（　　）和“未确认融资费用”等科目检查相关的会计处理是否正确。

A. “长期应付款”　　B. “应付账款”

C. “预收账款”　　D. “固定资产清理”

三、多项选择题

1. 信息传递程序控制包括（　　）。

A. 实施授权程序　　B. 使用文件和记录

C. 不相容职务分离控制　　D. 进行独立检查

2. 下列各项中，属于不相容职务分离的有（　　）。

A. 商品验收职务与记账职务相互独立

B. 批准采购申请职务与采购职务相互独立

C. 应付账款记账人员可以接触现金、有价证券

D. 采购审批职务、合同签订职务、合同审核职务相互独立

3. 采购交易的控制测试包括（　　）。

A. 查验付款凭单后面是否附有单据，检查批准采购、注销凭证和内部核查的标记

B. 检查订购单、验收单和应付凭单连续编号的完整性

C. 检查内部核查的标记以及批准采购价格和折扣的标记

D. 检查工作手册和会计科目表，并检查有关凭证上内部核查的标记

4. 一般来说，固定资产减少主要是因为发生了（　　）。

A. 出售　　B. 对外投资　　C. 报废　　D. 盘亏

5. 固定资产折旧方法包括（　　）。

A. 年限平均法　　B. 工作量法

C. 双倍余额递减法　　D. 年数总和法

6. 一般来说，固定资产增加主要是因为发生了（　　）。

A. 外购固定资产　　B. 在建工程转入固定资产

C. 投资者投入固定资产　　D. 经营租赁固定资产

7. 应付票据核算对象不包括（　　）。

A. 银行承兑汇票　　B. 银行汇票

C. 支票　　D. 银行本票

8. 预付账款审计的目标一般包括（　　）。

A. 确定预付账款是否归被审计单位所有

B. 确定预付账款增减变动的记录是否完整

C. 确定预付账款在财务报表中的披露是否恰当

D. 确定预付账款期末余额是否正确

四、判断题

1. 商品验收部门与财务部门应相互独立，以保证按真实收到的商品数额登记入账。（　　）

2. 采购申请应经独立于采购和使用部门以外的被授权人的批准，以防止采购部门购入过量或不必要的商品，或者为取得回扣等个人私利而牺牲企业利益。（　　）

3. 在付款交易的控制测试中，应抽取付款凭证，检查其是否经财务主管复核和审批，款项支付是否得到适当人员的复核和审批，并检查内部核查标记。（　　）

4. 签发支票要经过被授权人签字批准，保证款项以真实金额向特定债权人及时支付。（　　）

5. 审计人员分析长期未收的应付账款时，应要求被审计单位作出解释，判断被审计单位是否有偿还能力或利用应付账款隐瞒利润。（　　）

6. 针对已偿还的应付账款，审计人员应追查至银行对账单、银行付款单据和其他原始凭证，检查其是否在资产负债表日前真实偿付。（　　）

7. 审核外购固定资产时，应通过核对采购合同、发票、保险单、发运凭证等，抽查测试其入账价值是否正确，授权批准手续是否齐备，会计处理是否正确。如果是房屋，还应检查契税的会计处理是否正确。（　　）

8. 审计在建工程转入的固定资产时，对已经达到预定可使用状态但尚未办理竣工决算的固定资产，应检查其是否已按成本入账，并按规定计提折旧。竣工决算完成后，应检查其是否及时调整。（　　）

五、简答题

1. 简述固定资产实质性分析程序。

2. 应付账款审计的目标是什么？

3. 对固定资产进行实质性分析时，如果要对固定资产的增加进行检查，主要应检查哪些方面？

4. 简述固定资产减值准备的实质性测试。

5. 简述预付账款审计的目标。

六、实训题

1. 审计人员在审计 A 公司材料采购业务时，发现下列情况：

A 公司当年从外地购进一批材料，共 6 000 千克，不含税货款共 42 万元，运杂费为 1 000 元。财务部门将材料采购价款计入原材料成本，将运杂费计入管理费用。材料入库后，仓库转来材料入库验收单，发现材料短缺 60 千克，经查是运输途中的合理损耗。

问题和要求：分析 A 公司上述业务中相关内部控制存在的缺陷，并提出相应的调整建议。

2. A公司相关业务资料见表4-1。

表4-1 A公司相关业务资料　　单位：元

业务关联单位	应付账款年末余额	当年进货总额
E公司	45 000	670 305
F公司	22 200	78 400
G公司	178 250	22 054
H公司	0	333 500

问题和要求：对A公司相关业务进行审计时，应选择哪几家业务关联单位进行函证？为什么？

3. 审计人员对A公司固定资产进行审计时，发现下列情况：

A公司某年7月购入专用设备一台，价款为30万元，共发生运杂费2 000元、设备安装费4 000元，运杂费和安装费都计入管理费用。该专用设备于当年7月投入使用（设备预计净残值为0，采用直线法计提折旧，年折旧率为10%）。

问题和要求：指出A公司上述业务存在的问题，并提出调整建议。

4. 审计人员在审计 A 公司应付账款时，发现该公司存在 4 年以上的应付账款，欠款对象为 G 公司，金额为 600 万元。通过查阅原始凭证和询问有关业务人员，审计人员未能取得充分审计证据以证明此款项的性质，也无法判定负债是否存在。

问题和要求：审计人员应当如何实施审计程序？

5. 审计人员在审计 A 公司固定资产时，发现 A 公司某一年度经批准出售铣床一台，该设备原价 6 万元，已计提折旧 2 万元，净值为 4 万元，出售价款为 52 000 元，相关会计分录如下：

借：银行存款　　52 000

　　贷：营业外收入　　52 000

借：累计折旧　　20 000

　　营业外支出　　40 000

　　贷：固定资产　　60 000

问题和要求：分析 A 公司上述业务中存在的问题，并编制调整分录。

6. 审计人员在审计A公司自建的厂房时，发现其账面所列投资额与现实状况存在较大出入，怀疑A公司可能将工程支出计入了生产成本或期间费用。审计人员查阅了当年的产品成本及管理费用，发现该公司丙产品1月至5月的单位成本高于以往任何时期，同期的管理费用也高于正常水平。根据这一线索，审计人员详细审阅了相应期间的领料单，发现所记录的30吨原材料（总金额60万元）实际用于在建工程。通过对照工资分配表上的姓名，审计人员发现A公司将在建工程人员的工资列入了同期管理费用，共计15万元。

问题和要求：分析A公司上述业务中存在的问题，并编制调整分录。

7. 审计人员对A公司应付票据进行审计时，通过审阅该公司提供的应付票据备查簿发现以下情况：

（1）A公司向M公司签发并承兑，已于2022年12月5日到期的400万元不带息商业承兑汇票，到期未付款也未进行转账。

（2）由银行签发并承兑给N公司的800万元带息银行承兑汇票，票面月利率为0.3%，签发日期为2021年10月1日，到期日期是2022年2月1日。A公司2021年年底未按规定计息。

问题和要求：请指出A公司上述业务中存在的问题，并编制调整分录。

第五章　生产与存货循环审计

一、填空题

1. 生产与存货循环审计工作是审计工作中的一个重要环节，涉及________、________与仓储等诸多环节。

2. 生产指令又称________，是企业下达制造产品等生产任务的书面文件。

3. 采购环节内部控制的总体目标是所有交易都应得到相关的________与________。

4. 验收环节内部控制的总体目标是所有收到的货物均应得到________。

5. 在存货的内部控制中，盘存环节一般包括________和________两种盘存制度。

6. 存货成本审计由________的审计、直接人工成本的审计、制造费用的审计和营业成本的审计等内容组成。

7. 在生产与存货循环审计过程中，通常运用的分析性复核方法有________和________。

8. 审计人员在审计物资采购项目时，首先应获取或编制________，复核加计是否正确，并与总账数、明细账合计数核对，查证是否相符。

二、单项选择题

1. 生产与存货循环涉及的凭证与会计记录不包括（　　）。

A. 生产指令　　B. 成本计算单　　C. 领发料凭证　　D. 收款凭证

2. 生产与存货循环涉及的主要业务不包括（　　）。

A. 发出原材料　　B. 发出生产指令　　C. 生产产品　　D. 产成品入库

3. 生产与存货循环的内部控制主要包括存货的内部控制与（　　）的内部控制。

A. 生产指令　　B. 成本会计制度　　C. 生产记录　　D. 生产计划

4. 在生产与存货循环的分析性复核中，通常运用的分析指标是（　　）和毛利率。

A. 存货周转率　　B. 利润率　　C. 收益率　　D. 资产负债率

5. 当盘点某些存货时，可能某些业务压力使企业不能按进度同时盘点所有存货，此时可采用（　　）的盘点方法。

A. 集中盘点　　B. 分散盘点　　C. 永续盘点　　D. 聘请专家

6. 可以用来衡量成本控制水平及销售价格的变化，并且是反映盈利能力的主要指标的是（　　）。

A. 毛利率　　B. 利润率　　C. 资产负债率　　D. 收益率

7. 监盘的时间以会计（　　）以前为优。

A. 年度　　B. 期末　　C. 月度　　D. 季度

8. 实地盘点结束后，审计人员应根据观察到的情况进行复盘抽点。抽点的样本一般不得低于存货总量的（　　）。

A. 20%　　B. 5%　　C. 15%　　D. 10%

三、多项选择题

1. 存货内部控制环节包括（　　）。

A. 验收环节　　B. 仓储环节　　C. 采购环节　　D. 装运环节

2. 成本会计制度的测试包括（　　）。

A. 直接材料成本测试　　B. 直接人工成本测试

C. 制造费用成本测试　　D. 管理费用成本测试

3. 存货成本审计的目标一般包括（　　）。

A. 审查存货非货币性交易的正确性

B. 审查存货采购业务是否真实合法

C. 审查存货验收入库的真实性和正确性

D. 审查存货成本的构成和会计处理是否真实正确

4. 存货监盘决策涉及的内容包括（　　）。

A. 监盘时间　　B. 项目的选取

C. 监盘样本量　　D. 分析性复核程序

5. 存货的监盘程序通常包括（　　）。

A. 实地盘点　　B. 抽点

C. 制订盘点计划　　D. 总结盘点结果

6. 存货计价审计的内容包括（　　）。

A. 样本的选择　　B. 监盘中的特殊事项

C. 计价方法的确认　　D. 计价审计

7. 下列有关存货审计的表述中，正确的有（　　）。

A. 审计人员应首先对存货价格进行审核

B. 审计人员应排除被审计单位已有计算程序和结果的影响，进行独立审计

C. 审计人员应将审计结果与被审计单位账面记录对比，编制对比分析表，分析形成差异的原因

D. 审计人员应根据审计结果作出适当调整

四、判断题

1. 成本会计制度的内部控制主要包括成本会计的内部控制目标、关键控制程序及常用控制测试程序三个方面。（　　）

2. 对期初存货数量的确定，是存货审计中的重要内容，期初存货的结存数量直接影

响财务报表上的存货金额。 ( )

3. 职工薪酬相关业务比其他业务更容易发生错误或舞弊行为，如虚报冒领、重复支付和贪污等。 ( )

4. 为了验证财务报表中存货金额的真实性，除了对存货的结存数量进行确认外，还必须对存货计价进行审计。 ( )

五、简答题

1. 生产与存货循环主要涉及哪些业务活动？

2. 简述存货监盘程序包括的内容。

3. 存货的内部控制涉及哪些存货业务环节？

4. 成本会计制度内部控制的测试包括哪些内容？

5. 存货成本审计的目标是什么？

六、实训题

1. 2023年2月，某会计师事务所审计人员在审计C公司2022年度发出材料业务时发现，该公司当年12月生产领用甲材料计划成本为30万元，车间管理部门领用甲材料计划成本为10万元，当月材料成本差异率为-1%。相关会计处理如下：

（1）结转发出材料成本

借：生产成本　　300 000

　　制造费用　　100 000

　　贷：原材料　　400 000

（2）结转发出材料成本差异

借：生产成本　　4 000

　　贷：材料成本差异　　4 000

问题和要求：指出C公司上述业务中存在的问题，并提出相应的调整建议。

2. 2023 年 2 月，某会计师事务所审计人员在审计 B 公司 2022 年 12 月制造费用发生额时，发现一笔结转本月支付车间厂房租金 30 万元的会计记录。经审查有关原始凭证，发现该公司当月租赁一处生产车间厂房，租赁合同约定租赁期为 1 年，租赁费为 60 万元，该公司经营租赁费用采用五五摊销法摊销。相关会计分录如下：

（1）发生租赁业务及支付租金

借：制造费用——租赁费　　300 000

　　贷：其他应付款——租赁费　　300 000

借：其他应付款——租赁费　　300 000

　　贷：银行存款　　300 000

（2）结转制造费用

借：生产成本　　300 000

　　贷：制造费用　　300 000

问题和要求：指出 B 公司上述业务中存在的问题，并提出相应的调整建议。

3. 2023 年 2 月，某会计师事务所审计人员在审计 D 公司存货时，以 2022 年 12 月 31 日为存货截止日实施存货截止测试，发现以下 3 项业务及相关会计处理记录。

（1）2022 年 12 月 27 日收到购货发票一张，已记录于当年 12 月份的账内（该批货物于 2023 年 1 月 6 日收到并验收入库）。相关会计分录如下：

借：原材料　　200 000

　　应交税费——应交增值税（进项税额）　　26 000

　　贷：预付账款　　226 000

（2）2022 年 12 月 29 日购入一批原材料，验收单上盖有暂估入库印章，并以暂估价记入 2022 年 12 月的存货账目中，相关会计分录如下：

借：原材料　　100 000

　贷：应付账款——暂估应付款　　100 000

（3）2022 年 12 月 29 日所购材料的发票于 2023 年 1 月 9 日收到。

问题和要求：指出 D 公司上述业务中存在的问题，并提出相应的调整建议。

4. 某会计师事务所审计人员在审计 L 公司应付职工薪酬时，发现该公司在 2023 年 1 月将其生产的每台生产成本为 3 000 元的冰箱作为春节福利发放给公司职工。这些冰箱每台售价为 5 000 元，适用的增值税税率为 13%。该公司 2023 年年末对上述事项未作会计处理。

经查，L 公司为一家生产冰箱的家电企业，共有职工 2 000 人，其中 1 800 人为直接参加生产的职工，150 人为车间管理人员，50 人为企业管理人员。

问题和要求：指出 L 公司上述业务中存在的问题，并提出相应的调整建议。

5. 某会计师事务所审计人员在审计 E 公司 2022 年度财务报表时，发现 E 公司 2022 年 11 月决定辞退 3 名管理人员，并于 2022 年 12 月 1 日执行。经该公司管理层批准，对辞退的员工每人补偿 50 000 元。

该公司认为辞退补偿金不属于应付职工薪酬核算范围，因而没有对应付职工薪酬进行会计处理。

问题和要求：指出 E 公司上述业务中存在的问题，并提出相应的调整建议。

第六章 筹资与投资循环审计

一、填空题

1. 筹资与投资循环由________活动和________活动的交易事项构成。

2. 投资活动主要由________投资和________投资组成。

3. 载明股东所有权，记录所有者持有被投资企业所有股票数量的是________。

4. 审计人员可以通过编制________、撰写内部控制说明、设计问答式调查表等方式，对企业应付债券内部控制进行初步了解。

5. 在借款审计中，应注意一年内到期的长期借款是否从“长期借款”项目中扣除，并在流动负债下的______________项目反映。

6. 在对实收资本（股本）的实质性测试中，审计人员应检查实收资本（股本）增加变动的原因。对首次接受审计的单位，除取得________外，还应检查复印记账凭证及进账单。

7. 对股本溢价，审计人员应检查会计处理是否正确，注意发生股票溢价收入的计算是否已扣除____________。

8. 对于应采用__________法核算的长期股权投资，审计人员应获取被投资单位已经被注册会计师审计过的财务报表。

9. 无形资产减少主要通过____________形式实现。

二、单项选择题

1. 以下各项中，属于筹资活动主要涉及的凭证或会计记录的是（　　）。

A. 股权凭证　　B. 债券投资凭证

C. 股票证书　　D. 投资总账

2. 以下各项中，属于投资活动主要涉及的凭证或会计记录的是（　　）。

A. 借款合同或协议　　B. 企业债券存根簿

C. 股东名册　　D. 投资总账

3. 以下各项中，属于筹资交易流程的是（　　）。

A. 取得投资收益　　B. 偿还本息或发放股利

C. 取得证券或其他投资　　D. 处置投资

4. 以下各项中，属于投资交易流程的是（　　）。

A. 取得证券或其他投资　　B. 偿还本息或发放股利

C. 取得资金　　　　　　　　　　　　　　D. 签订借款合同或协议

5. 在投资活动的控制测试中，审计人员应重点了解和检查的内容是（　　）。
   A. 投资项目是否经授权批准，投资金额是否及时入账
   B. 控制执行留下的痕迹
   C. 内部盘点报告
   D. 企业投资业务管理报告
6. 下列各项中，属于未分配利润实质性测试的是（　　）。
   A. 检查盈余公积在财务报表中的列报是否恰当
   B. 对法定盈余公积和任意盈余公积的发生额逐项审查至原始凭证
   C. 检查未分配利润期初数与上期审定数是否相符，涉及损益的上期审计调整是否正确入账
   D. 审查盈余公积的减少是否符合有关规定，取得董事会会议纪要、股东大会决议，予以核实，检查有关会计处理是否正确
7. 未分配利润的实质性测试应结合对（　　）科目的审计。
   A. “坏账准备”　　　　　　　　　　B. “其他应收款”
   C. “其他应付款”　　　　　　　　　D. “以前年度损益调整”

三、多项选择题

1. 为了检查借款在财务报表中的列报是否恰当，应采取的措施包括（　　）。
   A. 检查短期借款与长期借款在资产负债表上是否单独列示
   B. 检查一年内到期的长期借款是否从“长期借款”项目扣除，并在流动负债下的“一年内到期的非流动负债”项目反映
   C. 检查借款使用是否符合借款合同的规定，有无违约行为，是否达到预期使用目标
   D. 检查借款的担保等是否已在财务报表附注中恰当披露
2. 在投资活动的控制测试中，如果要检查控制执行留下的痕迹，应检查（　　）。
   A. 记录的投资交易是否均系真实发生的交易
   B. 投资交易是否均已按恰当金额记入恰当的期间
   C. 企业投资业务管理报告
   D. 企业投资核算方法是否符合有关财务制度的规定，相关投资收益的会计处理是否正确，手续是否齐全
3. 下列各项中，属于资本公积实质性测试的有（　　）。
   A. 获取或编制资本公积明细表，复核加计是否正确，并与报表数、总账数和明细账合计数核对，查证是否相符
   B. 检查资本公积各项目，考虑对所得税的影响
   C. 确定资本公积在财务报表上的列报是否恰当
   D. 检查认股权证及其有关交易，确定委托人及认股人是否遵守认股合约或认股权证中的有关规定

4. 下列各项中，属于其他应收款审计程序的有（　　）。

A. 对发出询证函未能收回的，采取替代审计措施，如核查下一年度明细账，或追查至其他应收款发生时的付款凭证

B. 核对其他应收款明细账与总账的余额是否相符

C. 审核资产负债表日后的付款事项，确定有无未及时入账的其他应付款

D. 审查租入包装物的租金及存入保证金等业务的会计处理是否正确

5. 借款业务中，应当做到的职务分离包括（　　）。

A. 筹资方案编制职务与审批职务适当分离

B. 筹资业务的经办职务与会计记录职务分离

C. 会计记录职务与收付款职务分离

D. 证券保管职务与会计记录职务分离

6. 关于无形资产摊销，下列说法正确的有（　　）。

A. 使用寿命有限的无形资产应自可供使用当月起开始摊销，处置当月不再摊销

B. 企业应当按月对无形资产进行摊销；企业自用的无形资产，其摊销金额计入其他业务成本

C. 出租的无形资产，其摊销金额计入其他业务成本

D. 审计人员可通过“累计摊销”账户审查无形资产摊销的正确性

7. 盈余公积的实质性测试包括（　　）。

A. 确定盈余公积是否以恰当的金额体现在财务报表中

B. 对法定盈余公积和任意盈余公积的发生额逐项审查至原始凭证

C. 确定资产负债表中记录的盈余公积是否存在

D. 收集与盈余公积有关的董事会会议纪要、股东大会决议等资料，并更新永久性档案

8. 长期股权投资审计的目标包括（　　）。

A. 确定资产负债表中记录的长期股权投资是否存在

B. 确定所有应当记录的长期股权投资是否均已记录

C. 确定记录的长期股权投资是否由被审计单位拥有或控制

D. 确定长期股权投资是否以恰当的金额体现在财务报表中，与之相关的计价调整是否已恰当记录

9. 以下关于借款实质性测试的表述，正确的有（　　）。

A. 检查相关记录和原始凭证，看有无到期未偿还的借款，逾期借款是否办理延期手续

B. 检查借款费用的会计处理是否正确，借款费用资本化或费用化的处理是否正确

C. 分析逾期借款的金额、占比和期限，判断被审计单位的资信程度和偿债能力

D. 检查借款使用是否符合借款合同的规定，有无违约行为，是否达到预期使用目标

四、判断题

1. 在未分配利润的实质性测试中，应了解以本年利润弥补以前年度亏损的情况。如果已超过企业所得税弥补亏损期限，且已因为抵扣亏损而确认递延所得税资产，应当进行调整。（ ）

2. 股东名册是企业签发的证明股东所持股份的凭证。（ ）

3. 企业应当在取得无形资产时分析判断其使用寿命，使用寿命有限的无形资产应自可供使用当月起开始摊销，处置当月不再摊销。（ ）

4. 企业应当按月对无形资产进行摊销。企业自用的无形资产的摊销金额应计入其他业务成本。（ ）

5. 除无记名证券外，企业在购入股票或债券时在购入当日可延缓登记在企业名下，切忌登记于经办人员名下。（ ）

6. 审计人员一般可采用问卷调查形式了解企业是否存在投资内部控制，并作出记录。（ ）

7. 在借款的实质性测试中，当借款金额较大或有必要时，审计人员应向银行或其他债权人发函询证借款额、借款利率、已偿还金额及利息支付情况。（ ）

8. 在实收资本（股本）的实质性测试中，审计人员应根据证券登记结算机构提供的股东名录，检查被审计单位及其子公司、合营企业与联营企业是否有违反规定的持股情况。（ ）

9. 对于重大的投资，审计人员应向被投资单位函证被审计单位的投资额、持股比例及被投资单位发放的股利等情况。（ ）

五、简答题

1. 简述借款的实质性测试。

2. 简述应付股利的实质性测试。

3. 简述无形资产的实质性测试。

4. 简述无形资产审计的目标。

5. 简述长期股权投资的实质性测试。

六、实训题

1. 审计人员对M公司2022年度财务报表审计时发现，M公司上一年度期末的注册资本为400万元，“盈余公积——法定盈余公积”账户余额为300万元。该公司在当年年末将“盈余公积——法定盈余公积”账户的300万元余额全部转增股本，使注册资本达到700万元，相关会计分录如下：

借：盈余公积——法定盈余公积　　3 000 000

　　贷：股本　　3 000 000

问题和要求：分析从公司上述行为是否正确。

2. 审计人员在审计M公司2022年9月的“资本公积”总账时，发现借方发生额为58 000元。之后进一步查阅“资本公积——其他资本公积”明细账，发现借方发生额为58 000元的记账凭证编号为第144号，随即调阅该记账凭证，其摘要为“职工医药费报销”。相关会计分录为：

借：资本公积——其他资本公积　　58 000

　　贷：银行存款　　58 000

其后附的原始凭证为职工医药费报销单据及1张转账支票存根。

问题和要求：针对以上情况，审计人员应如何进行处理？

3. 审计人员对 M 公司 2022 年度“长期借款”明细账和借款合同进行审查时，发现以下情况：

M 公司 2022 年 11 月 1 日因购买设备向银行借入资金 3 000 万元，借款期限为 5 年，年利率为 12%，每年付息一次，到期还本。

M 公司 2022 年 12 月 1 日用银行借款和自筹资金购买设备，一次性向供货单位支付 2 300 万元设备价款、运输费、安装费等。该设备于当年 12 月 31 日达到预定可使用状态。

审计人员检查 2022 年 11 月和 12 月该笔借款应计利息的记账凭证，其会计分录均为：

借：财务费用　　　　300 000

　　贷：应付利息　　　　300 000

问题和要求：针对以上情况，审计人员应如何进行处理？

4. 审计人员对 M 公司 2022 年度财务报表进行审计时发现，该公司用剩余现金购置了数量较多的长期投资有价证券，存放于当地某银行的保险箱，并规定只有公司总经理或财务部经理可以开启保险箱。当年 10 月 31 日，公司总经理和财务部经理不能共同去银行盘点有价证券，经约定，当年 11 月 15 日由助理审计人员和财务部经理一同至银行盘点。

问题和要求：假定该助理审计人员以前未进行过有价证券盘点，审计人员应要求在盘点时执行哪些审计程序？

5. 审计人员对 M 公司 2022 年度财务报表进行审计时发现，M 公司 2022 年 10 月 8 日从二级市场购入 N 公司发行的股票 20 万股，每股价格为 5. 6 元（含已宣告尚未发放的现金股利 0. 6 元），另支付交易费用 0. 1 万元。M 公司进行了如下会计处理：

借：交易性金融资产——N 公司股票	1 000 000
应收股利	120 000
财务费用	1 000
贷：其他货币资金	1 121 000

审计人员了解到，该股票当年年末的市场价格为每股 8 元，M 公司将持有的 N 公司股权划分为交易性金融资产，且持有的 N 公司股权对其无重大影响。M 公司当年年末对该股票按公允价值进行了如下会计处理：

借：交易性金融资产——公允价值变动	600 000
贷：资本公积——其他资本公积	600 000

问题和要求：针对以上情况，审计人员应如何进行处理?

6. 审计人员对 A 公司 2022 年度财务报表进行审计时发现，该公司 2022 年 4 月 4 日出售一项专利的所有权，该项专利的账面价值为 80 000 元，累计摊销为 15 000 元，出售收入为 200 000 元，增值税税额为 12 000 元，款已收讫。该公司编制的会计分录如下：

借：银行存款	200 000
贷：其他业务收入	200 000
借：其他业务成本	77 000
累计摊销	15 000
贷：无形资产	80 000
应交税费——应交增值税（销项税额）	12 000

问题和要求：请指出 A 公司上述业务中存在的问题并提出调整建议。

7. 2022 年 1 月，A 公司购入 H 公司面值为 300 万元的股票，新购入的股票含有已宣告但尚未发放的股利 20 万元。至此，A 公司已拥有 H 公司 70%的股份并对 H 公司拥有实质控制权。H 公司当年的净利润扣除盈余公积金后剩余 100 万元，其中 40 万元作为股利分配，其中 A 公司分得 28 万元。审计人员在对 A 公司的长期股权投资进行审计时，发现以下 3 笔会计分录：

借：长期股权投资　　3 200 000

　　贷：其他货币资金　　3 200 000

借：长期股权投资　　450 000

　　贷：投资收益　　450 000

借：其他货币资金　　280 000

　　贷：投资收益　　280 000

问题和要求：请指出 A 公司上述业务中存在的问题，并提出调整建议。

8. 审计人员在审计 A 公司“其他应付款”明细账时，发现有一笔应付给 G 公司的包装物押金 67 800 元已挂账一年多，经查该笔押金已于 1 年前被没收，成本已经结转，但忘记结转收入。经函询承租单位，证实情况属实。

问题和要求：请指出 A 公司上述业务中存在的问题并提出调整建议。

9. A公司2022年12月1日召开董事会，决定吸收W公司投资30万元，交易完成后A公司注册资本将增至100万元。同月，W公司以一台全新车床投资A公司，经评估确认其价值为40万元，A公司已收到W公司开具的增值税专用发票。A公司注册资本已办理变更登记，调整为100万元。两公司均为增值税一般纳税人。审计人员在审计过程中发现，A公司对该项业务的会计处理为：

借：固定资产　　400 000

　　贷：实收资本　　400 000

问题和要求：请指出A公司上述业务中存在的问题并提出调整建议。

第七章　货币资金审计

一、填空题

1. 货币资金作为企业资产中________性最强的一种资产，是企业资产的重要组成部分。

2. 良好的货币资金内部控制应该做到________收支及时入账，不得坐支。

3. 企业应按月盘点现金，编制________，做到________相符。

4. 货币资金的收入、支出要建立严格的________制度。

5. 货币资金的收支与________应当分离。

6. 企业在银行开立账户后，除按核定的限额保留库存现金外，其余现金都应存入________。

7. 企业在银行开立账户后，除规定可以用现金支付的款项外，在经营过程中发生的一切货币收支业务都应通过________进行结算。

8. 根据相关规定，银行业金融机构要在收到符合规定的询证函之日起________个工作日内，按照要求直接回复会计师事务所或将回函交付跟函注册会计师。

二、单项选择题

1. 审计人员测试库存现金余额的起点是（　　）。

　　A. 检查现金收支的正确截止

　　B. 盘点库存现金

　　C. 抽查大额现金收支

　　D. 核对库存现金日记账与总账的余额是否相符

2. 货币资金审计不涉及的凭证与会计记录是（　　）。

　　A. 现金流量表　　B. 银行对账单

　　C. 银行存款余额调节表　　D. 有关会计账簿

3. 货币资金的控制测试不包括（　　）。

　　A. 抽取并检查收款凭证

　　B. 抽取并检查付款凭证

　　C. 核对资产负债表

　　D. 评价货币资金的内部控制

4. 下列各项中，不属于货币资金内部控制的是（　　）。

A. 按年度盘点现金

B. 货币资金的收支职务与记账职务分离

C. 加强对货币资金的内部审计

D. 货币资金的收入、支出有严格的授权审批制度

5. 确定被审计单位是否按月正确编制并复核银行存款余额调节表时，需要将其与（　　）、银行存款日记账及总账进行核对。

A. 现金盘点表　　B. 银行对账单

C. 资产负债表　　D. 现金流量表

6. 银行存款审计的目标不包括（　　）。

A. 确定银行存款的余额是否正确

B. 盘点库存现金

C. 确定银行存款在财务报表中的披露是否恰当

D. 确定现金收支业务是否均已记录

7. 银行存款的实质性测试不包括（　　）。

A. 取得并检查银行存款余额调节表

B. 按月盘点现金

C. 核对银行存款日记账与总账的余额是否相符

D. 对银行存款进行分析性复核

8. 其他货币资金审计的目标不包括（　　）。

A. 确定其他货币资金在财务报表中的披露是否恰当

B. 确定其他货币资金收支业务是否均已记录完毕，有无遗漏

C. 确定其他货币资金的余额是否正确

D. 对其他货币资金进行分析性复核

三、多项选择题

1. 盘点库存现金是证实资产负债表所列现金是否存在的一项重要程序，因此盘点库存现金的人员必须包括（　　）。

A. 被审计单位出纳　　B. 被审计单位财务主管人员

C. 被审计单位管理人员　　D. 被审计单位内部审计人员

2. 对货币资金进行审计时，涉及的凭证与会计记录包括（　　）。

A. 资产负债表　　B. 银行对账单

C. 银行存款余额调节表　　D. 有关会计账簿

3. 通过向往来银行函证，可以证实被审计单位银行存款的真实性，还可以发现被审计单位（　　）。

A. 可能遗漏的负债　　B. 欠银行的债务

C. 未登记的银行借款　　D. 用于抵押担保的资产

4. 审计人员盘点被审计单位库存现金的范围包括（　　）。

A. 已收到但未存入银行的现金

B. 各部门保管的现金

C. 零用金

D. 存入银行的现金

5. 下列各项中，属于库存现金审计目标的有（　　）。

A. 确定库存现金余额是否正确

B. 确定现金在财务报表中的披露是否恰当

C. 核对银行存款余额调节表

D. 评价货币资金的内部控制

6. 库存现金的实质性测试包括（　　）。

A. 检查现金收支的正确截止

B. 抽查大额现金收支

C. 核对库存现金日记账与总账的余额是否相符

D. 盘点库存现金

7. 下列各项中，属于银行存款审计目标的有（　　）。

A. 确定银行存款在财务报表中的披露是否恰当

B. 核对银行存款发生额

C. 确定银行存款的余额是否正确

D. 盘点银行存款

8. 证实资产负债表所列银行存款是否存在的重要依据包括（　　）。

A. 银行存款余额调节表　　B. 银行存款日记账

C. 银行存款记账凭证　　D. 银行存款余额询证函

四、判断题

1. 在企业的日常经营中，货币资金是风险较高的项目，财务核算的绝大多数业务都与货币资金有关，很多会计舞弊事项都会在货币资金审计中表现出来。（　　）

2. 企业应加强对货币资金的管理，建立良好的货币资金内部控制制度，才能确保货币资金的安全完整。（　　）

3. 负责货币资金收支和保管的出纳，除了可以登记库存现金日记账和银行存款日记账，还可以兼做总账、明细账的登记工作。（　　）

4. 会计人员在收付资金前，应对会计凭证进行审查核实，以确认资金收付的正确性、合法性。（　　）

5. 货币资金收支应及时入账，在企业有资金需求时可以坐支。（　　）

6. 审计人员可以通过计算定期存款占银行存款的比例，确定企业是否存在高息资金拆借。（　　）

五、简答题

1. 简述货币资金的内部控制及实质性测试。

2. 简述银行存款审计的目标。

3. 简述库存现金审计的操作步骤。

4. 简述其他货币资金的实质性测试。

六、实训题

1. 2022 年 1 月 21 日上午 8 时，审计人员对 M 公司库存现金进行审计时发现，M 公司 2022 年 1 月 20 日库存现金日记账余额为 2 046. 8 元，而库存现金实有数为 1 152. 5 元，银行核定该公司库存现金限额为 900 元。

盘点库存现金后，审计人员在保险柜中发现下列单据（款已收、已付但未入账）：

借款单 1 张，记录职工李辉于 2021 年 12 月 10 日预借差旅费 1 000 元，已经总经理、财务主管签字同意。

借款单 1 张，记录职工杨海借款 500 元，未经总经理、财务主管签字同意，也没有说明用途。

已收款但未记账的凭证 3 张，金额为 605. 7 元。

经核实，该公司当年 1 月 1 日—20 日的现金收入为 2 060 元，现金支出为 2 280 元。

问题和要求：

（1）对 M 公司库存现金收支、留存管理的合规性提出审计意见。

（2）根据上述资料编制库存现金盘点表。

2. 审计人员对C公司进行审计时发现，该公司2022年12月31日银行存款日记账余额为52 000元，银行存款对账单余额为56 000元。经查，2022年有下列未达账项和记账差错：

（1）12月27日，公司收到外单位1张8 000元的转账支票，公司已入账，银行尚未入账。

（2）12月29日，公司委托银行收款12 000元，银行已入账，收款通知尚未送达公司。

（3）12月31日，公司开具1张3 500元的现金支票，银行尚未入账。

（4）12月31日，银行为公司代付电费3 800元，银行已入账，公司尚未收到付款通知。

（5）12月31日，公司收到银行收款通知单，金额为3 300元，公司入账时误记为3 000元。

问题和要求：根据上述资料编制相关的银行存款余额调节表（见表7-1）。

表7-1 银行存款余额调节表

单位名称：C公司　　2022年12月31日　　单位：元

项目	金额	项目	金额
银行存款账面余额		银行对账单余额	
加：银行已收、公司未收款项		加：公司已收、银行未收款项	
减：银行已付、公司未付款项		减：公司已付、银行未付款项	
加：公司记账差错			
调节后的存款余额		调节后的存款余额	

审计主管：　　审计员：　　财务主管：　　会计：

第八章　审计报告与管理建议书的编制

一、填空题

1. 审计报告指审计人员根据审计准则的要求，在实施了必要的审计程序后出具的，对被审计单位约定事项发表审计意见的________。

2. 审计报告是审计工作的最终成果，具有________效力。

3. 注册会计师对应公布的财务报表进行审计后所编制的简明扼要的审计报告是________。

4. 对审计对象所有重要的经济业务和情况都要进行详细说明和分析的审计报告是________。

5. 标准无保留意见审计报告指不带________或________的无保留意见的审计报告。

6. 审计报告的第一部分应当以__________作为标题。

7. 注册会计师对被审计单位财务报表有所保留的审计意见是________。

二、单项选择题

1. 审计报告主要具有（　　）、保护和证明三方面的作用。

A. 投资　　B. 鉴证　　C. 监督　　D. 管理

2. 被审计单位财务报表就其整体而言是公允的，但因审计范围受到重要限制，而无法按照审计准则的要求取得应有的审计证据时，注册会计师应出具（　　）的审计报告。

A. 非无保留意见　　B. 带强调事项段

C. 无法表示意见　　D. 否定意见

3. 某会计师事务所对甲公司进行审计时发现，对该公司应收账款无法进行函证，也无法实施其他替代审计程序。在此情形下应出具（　　）的审计报告。

A. 无保留意见　　B. 否定意见

C. 无法表示意见　　D. 保留意见

4. 按照详略程度不同，审计报告可分为（　　）审计报告和详式审计报告。

A. 非标准　　B. 简式　　C. 否定意见　　D. 非公布目的的

5. 在审计报告中，强调事项段应当紧接在（　　）部分之后。

A. “管理层和治理层对财务报表的责任”

B. “注册会计师对财务报表审计的责任”

C. “形成审计意见的基础”

D. “审计意见”

6. 非无保留意见的审计报告包括保留意见的审计报告、（　　）的审计报告和无法表示意见的审计报告。

A. 基准　　B. 简式

C. 非公布目的　　D. 否定意见

7. 审计报告应当包含标题为“形成审计意见的基础”的部分，该部分应当紧接在（　　）部分之后。

A. “注册会计师对财务报表审计的责任”　　B. “管理层和治理层对财务报表的责任”

C. “审计意见”　　D. 注册会计师的签名和盖章

8. 在审计报告中，“审计意见”部分不应当（　　）。

A. 指出被审计单位的名称　　B. 说明财务报表已经审计

C. 提及财务报表附注　　D. 指出盘点日期

9. 只有当注册会计师认定被审计单位财务报表（　　）为公允表达时，才能发表保留意见。

A. 整体　　B. 一部分　　C. 大部分　　D. 少部分

三、多项选择题

1. 下列情形中，注册会计师可能发表无法表示意见的有（　　）。

A. 其他审计人员已发表否定意见　　B. 审计范围受到限制

C. 重要信息披露不充分　　D. 无法获取充分、适当的审计证据

2. 下列情形中，注册会计师应出具带强调事项段无保留意见审计报告的有（　　）。

A. 经审计，A 公司 2022 年度净利润为 200 万元，流动负债比流动资产多 1 000 万元，A 公司的持续经营能力存在重大不确定性

B. 经审计，A 公司持有短期投资股票 1 000 万元，若在到期日前出售将导致 200 万元的投资损失

C. 经审计，A 公司 2022 年 9 月转入待处理不需用设备 1 台，未计提折旧金额为 10 万元，A 公司未作调整

D. 2022 年，A 公司实施了以降低产品销售价格来扩大市场占有率的经营策略，预计将导致当年利润减少 1 000 万元

3. 下列情形中，注册会计师应出具保留意见审计报告的有（　　）。

A. 经审计，C 公司持有一项长期股权投资，账面价值为 1 000 万元，未计提减值准备 100 万元

B. 经审计，A 公司一笔债务存在纠纷，标的为 1 000 万元。截至审计工作完成日，法院未对该项诉讼作出判决

C. 经审计，C 公司 2022 年 12 月 31 日存货余额为 800 万元，占期末资产总额的 65%。审计人员无法实施存货监盘，也无法实施其他替代审计程序

D. 经审计，C 公司应收账款余额为 5 500 万元，部分账龄已超过 2 年，该公司未计提坏账准备

4. 审计报告应当包括（ ）。

A. 标题 B. 报告日期 C. 收件人 D. 审计意见

5. 审计报告的类型包括（ ）。

A. 否定意见审计报告 B. 保留意见审计报告

C. 标准审计报告 D. 非标准审计报告

6. 审计报告的编制要求包括（ ）。

A. 要素全面完整 B. 证据充分 C. 内容合法 D. 意见准确

7. 管理建议书的作用主要包括（ ）。

A. 了解被审计单位经营管理中存在的问题

B. 针对被审计单位内部控制和经营管理弱点，提供进一步完善内部控制的建议

C. 为改进被审计单位会计工作、提高经营管理水平提供参考意见

D. 可以将注册会计师的法律责任降低到最低程度

四、判断题

1. 编制审计报告是注册会计师完成约定事项审计工作的重要步骤之一，它是一项总结性的工作，因此其在审计工作当中有着十分重要的意义。（ ）

2. 审计报告可以为被审计单位提供准确的审计信息，督促被审计单位加强经济核算，改善经营管理，提高经济效益。（ ）

3. 审计报告为被审计单位的投资决策提供重要依据，进而为宏观经济管理服务。（ ）

4. 注册会计师签发的审计报告，不同于政府审计和内部审计的审计报告。注册会计师以独立的第三方身份，对被审计单位财务报表的合法性、公允性及会计处理方法的一贯性发表意见。（ ）

5. 审计报告可以对审计工作质量和注册会计师的审计责任起说明作用。（ ）

6. 审计报告应当由项目合伙人和另一名负责该项目的注册会计师签名和盖章。（ ）

五、简答题

1. 简述审计报告的意义及作用。

2. 审计报告主要包括哪些内容？

3. 简述审计报告的编制步骤。

4. 简述管理建议书的主要内容及要求。

六、实训题

1. 以下是某会计师事务所出具的审计报告节选部分。

审计报告

L股份有限公司全体股东：

一、保留意见

我们审计了L公司的财务报表，包括2022年12月31日的资产负债表，2022年度的利润表、现金流量表、股东权益变动表，以及财务报表附注（包括重要会计政策和会计估计）。

我们认为，除“形成保留意见的基础”部分所述事项产生的影响外，后附的L公司财务报表在所有重大方面按照企业会计准则的规定编制，公允反映了L公司2022年12月31日的财务状况以及2022年度的经营成果和现金流量。

二、形成保留意见的基础

L公司2022年12月31日资产负债表中的存货金额为23 817 406元，该公司管理层根据历史成本对存货进行计量，这不符合企业会计准则的规定。如果该公司管理层按照企业会计准则要求计量存货，存货金额将减少 3 214 085 元。相应地，资产减值损失将增加 3 214 085 元，所得税、净利润和股东权益将分别减少。

我们按照中国注册会计师审计准则的规定执行了审计工作。审计报告的“注册会计师对财务报表审计的责任”部分进一步阐述了我们在这些准则下的责任。按照中国注册会计师职业道德守则，我们独立于 L 公司，并履行了职业道德方面的其他责任。我们相信，我们获取的审计证据是充分的、适当的，为发表保留意见提供了基础。

三、关键审计事项

关键审计事项是我们根据职业判断，认为对本期财务报表审计最为重要的事项。这些事项是在对财务报表整体进行审计并形成审计意见的背景下进行应对的，我们不对这些事项单独发表意见。除“形成保留意见的基础”部分所述事项外，我们确定下列事项是需要在审计报告中沟通的关键审计事项（以下内容略）。

四、其他信息

董事会对其他信息负责，其他信息包括 L 公司 2023 年度规划报告中涵盖的信息，但不包括财务报表和我们的审计报告。

我们对财务报表的审计意见并不涵盖其他信息，我们也不对其他信息发表任何形式的鉴证结论。

结合我们对财务报表的审计，我们的责任是阅读其他信息，在此过程中，考虑其他信息是否与财务报表或我们在审计过程中了解的情况存在重大不一致或者似乎存在重大错报。

基于我们已经执行的工作，如果我们确定其他信息存在重大错报，我们应当报告该事实。本次审计，我们无法确定 L 公司其他信息是否存在重大错报。

五、管理层和治理层对财务报表的责任

管理层负责按照企业会计准则的规定编制财务报表，使其实现公允反映，并设计、执行和维护必要的内部控制，以使财务报表不存在由于舞弊或错误导致的重大错报。

在编制财务报表时，管理层负责评估 L 公司的持续经营能力，披露与持续经营相关的事项（如适用），并运用持续经营假设，除非计划进行清算、终止运营或别无其他现实的选择。

治理层负责监督 L 公司的财务报告过程。

六、注册会计师对财务报表审计的责任

我们的目标是对财务报表整体是否不存在由于舞弊或错误导致的重大错报获取合理保证，并出具包含审计意见的审计报告。合理保证是高水平的保证，但按照审计准则执行的审计并不能保证一定会发现存在的重大错报。错报可能由于舞弊或错误导致，如果合理预期错报单独或汇总起来可能影响财务报表使用者依据财务报表作出的经济决策，则通常认为错报是重大的（以下内容略）。

七、按照相关法律法规的要求报告的事项

根据现行法律法规对其他报告责任性质的规定，我们没有发现 L 公司在所审计期间有需要报告的其他事项。

问题和要求：

（1）该审计报告是什么类型的审计报告？

（2）结合上述“形成保留意见的基础”部分内容，列举对L公司出具该类审计报告的其他情形。

2. 以下是某会计师事务所出具的审计报告节选部分。

审计报告

C股份有限公司全体股东：

一、无法表示意见

我们审计了C公司的财务报表，包括2022年12月31日的资产负债表，2022年度的利润表、现金流量表、股东权益变动表，以及财务报表附注（包括重要会计政策和会计估计）。

我们不对后附的C公司财务报表发表审计意见。由于“形成无法表示意见的基础”部分所述事项的重要性，我们无法获取充分、适当的审计证据以作为对财务报表发表审计意见的基础。

二、形成无法表示意见的基础

C公司2022年12月31日资产负债表中的应收账款期末余额为69 185 860元，占资产总额的69%。由于C公司未能提供债务人的地址，我们无法实施函证以及其他审计程序，以获取充分、适当的审计证据。

三、管理层和治理层对财务报表的责任

（内容略。）

四、注册会计师对财务报表审计的责任

我们的责任是按照中国注册会计师审计准则的规定，对C公司的财务报表执行审计工作，以出具审计报告。但由于“形成无法表示意见的基础”部分所述的事项，我们无法获取充分、适当的审计证据以作为发表审计意见的基础。

按照中国注册会计师职业道德守则，我们独立于C公司，并履行了职业道德方面的其他责任。

五、按照相关法律法规的要求报告的事项

根据现行法律法规对其他报告责任性质的规定，由于审计范围受到限制，我们无法发现C公司在所审计期间有需要报告的其他事项。

问题和要求：

（1）该审计报告是什么类型的审计报告？

（2）指出出具该审计报告的依据。

（3）结合上述“形成无法表示意见的基础”部分内容，列举对C公司出具该类审计报告的其他情形。

3. 以下是某会计师事务所出具的审计报告节选部分。

审计报告

D股份有限公司全体股东：

一、否定意见

我们审计了D公司的财务报表，包括2022年12月31日的资产负债表，2022年度的利润表、现金流量表、股东权益变动表，以及财务报表附注（包括重要会计政策和会计估计）。

我们认为，由于“形成否定意见的基础”部分所述事项的重要性，后附的D公司财务报表没有在所有重大方面按照企业会计准则的规定编制，未能公允反映D公司2022年12月31日的财务状况以及2022年度的经营成果和现金流量。

二、形成否定意见的基础

如财务报表附注所述，D公司2022年度实现净利润100万元，流动负债为1亿元，流动资产为6 500万元，流动负债比流动资产多3 500万元，D公司的财务状况已明显恶化，D公司的持续经营能力存在重大不确定性。故我们无法判断D公司编制2022年度财务报表所依据的持续经营假设的合理性。

我们按照中国注册会计师审计准则的规定执行了审计工作。审计报告的“注册会计师对财务报表审计的责任”部分进一步阐述了我们在这些准则下的责任。按照中国注册会计师职业道德守则，我们独立于D公司，并履行了职业道德方面的其他责任。我们相信，我们获取的审计证据是充分的、适当的，为发表否定意见提供了基础。

三、关键审计事项

除“形成否定意见的基础”部分所述事项外，我们认为，没有其他需要在我们的报告中沟通的关键审计事项。

四、其他信息

（内容略。）

五、管理层和治理层对财务报表的责任

（内容略。）

六、注册会计师对财务报表审计的责任

（内容略。）

七、按照相关法律法规的要求报告的事项

根据现行法律法规对其他报告责任性质的规定，我们发现D公司在所审计期间需要及时披露报告的其他事项，未能及时披露。

问题和要求：

（1）该审计报告是什么类型的审计报告？

（2）指出出具该审计报告的依据。

4. 以下是某会计师事务所出具的审计报告节选部分。

审计报告

E股份有限公司全体股东：

一、无法表示意见

我们审计了E公司的财务报表，包括2022年12月31日的资产负债表，2022年度的利润表、现金流量表、股东权益变动表，以及财务报表附注（包括重要会计政策和会计估计）。

我们不对后附的E公司财务报表发表审计意见。由于“形成无法表示意见的基础”部分所述事项的重要性，我们无法获取充分、适当的审计证据以作为对财务报表发表审计意见的基础。

二、形成无法表示意见的基础

E公司未对2022年12月31日的存货进行盘点，存货账面金额为9 580万元，占期末资产总额的88%。我们无法实施存货监盘，也无法实施其他替代审计程序，以对期末存货的数量和状况获取充分、适当的审计证据。

三、管理层和治理层对财务报表的责任

(内容略。)

四、注册会计师对财务报表审计的责任

我们的责任是按照中国注册会计师审计准则的规定，对E公司的财务报表执行审计工作，以出具审计报告。但由于“形成无法表示意见的基础”部分所述的事项，我们无法获取充分、适当的审计证据以作为发表审计意见的基础。

按照中国注册会计师职业道德守则，我们独立于E公司，并履行了职业道德方面的其他责任。

五、按照相关法律法规的要求报告的事项

根据现行法律法规对其他报告责任性质的规定，由于审计范围受到限制，我们无法发现E公司在所审计期间有需要报告的其他事项。

问题和要求：

(1) 该审计报告是什么类型的审计报告?

(2) 指出出具该审计报告的依据。